🌿 🌿 🌿

This is a journal dedicated to living gratefully. Very often in life, especially in modern times, we are bombarded with so much stuff and persuaded to purchase so many material things that nothing ever seems to be enough. We tend to forget about the things in our very possession. Things that are in our everyday existence such as trees and plants, as well as the people who bring us joy and happiness—even when we don't recognize their presence. Other things include, but are not limited to, our health and well-being, the food we eat, and our shelter. We often take everyday miracles for granted, but it is vital that we set aside moments to appreciate these things in and all around us as an act of gratitude. We get so lost when we focus on all the stuff we don't have that we forget about the abundance of wealth readily prepared before us. This abundance exists within all of us.

Throughout this journal, there will be inspiring quotes to give you motivation to be your best throughout the day,

🌿 🌿 🌿

and to encourage you to be aware of all life's offerings. Life is truly amazing, and has so much it wants to give us. It would be groundbreaking if we took the time to recognize life's gifts as much as possible!

Also included in each section is five blank lines, where you can write down at least five things you are grateful for throughout the day. It is recommended you write at least once per day in your journal—either in the morning when you first wake, or at night before you go to sleep. You will notice the quotes guide you to reflect as you prepare to enter the world or settle down for the day. What you write in your journal is completely up to you, but it is recommended you write daily.

Finally, under the five lines, there is a blank box called *Paint Your Canvas*. This section is to ignite the creativity within you to express whatever is on your mind. You can write it; draw it; color it; paste a picture or sticker. It doesn't matter, do whatever you want—even if it's writing down more things you're grateful for. This is your journal, and the world is yours!

There are no rules on how you use your journal. If you skip a day or two, no worries. Just get back to it when you get a chance. Soon, you'll realize just how many gifts you have to be grateful for in life, then the opportunity for even more gratitude will open to you. Life is full of joy and happiness, so let's start to enjoy it as much as possible!

Example:

"A person who never made a mistake never tried anything new."

— Albert Einstein

Date: <u>1/5/19</u>

Gratitude List:

1. <u>Woke up this morning!</u>
2. <u>My afternoon walk in the park.</u>
3. <u>Chat with my sister.</u>
4. <u>Dinner and movie with friends.</u>
5. <u>Catching the sunset.</u>

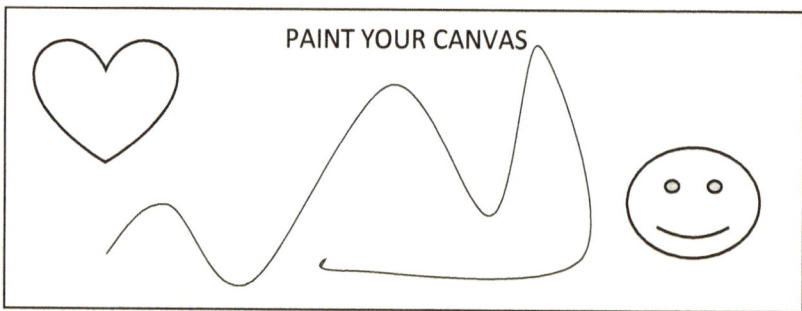

Gratitude In My Attitude!

DOROTHY JEAN
PUBLISHING

"Look at the sparrows; they do not know what they will do in the next moment. Let us literally live from moment to moment."

- Mahatma Gandhi

🍃🍃🍃

Date: ___/___/____

Gratitude List:

1. _____
2. _____
3. _____
4. _____
5. _____

PAINT YOUR CANVAS

Date: ___/___/____

Gratitude List:

1. _____
2. _____
3. _____
4. _____
5. _____

PAINT YOUR CANVAS

🍃🍃🍃

Date: ____/____/____

Gratitude List:

1. _____
2. _____
3. _____
4. _____
5. _____

PAINT YOUR CANVAS

Date: ____/____/____

Gratitude List:

1. _____
2. _____
3. _____
4. _____
5. _____

PAINT YOUR CANVAS

Date: ____/____/____

Gratitude List:

1. _____
2. _____
3. _____
4. _____
5. _____

PAINT YOUR CANVAS

Date: ____/____/____

Gratitude List:

1. _____
2. _____
3. _____
4. _____
5. _____

PAINT YOUR CANVAS

"Dwell on the beauty of life. Watch the stars and see yourself running with them."

- Marcus Aurelius

🍃🍃🍃

Date: ____/____/____

Gratitude List:

1. _____
2. _____
3. _____
4. _____
5. _____

```
┌─────────────────────────────────────────┐
│            PAINT YOUR CANVAS            │
│                                         │
│                                         │
│                                         │
└─────────────────────────────────────────┘
```

Date: ____/____/____

Gratitude List:

1. _____
2. _____
3. _____
4. _____
5. _____

```
┌─────────────────────────────────────────┐
│            PAINT YOUR CANVAS            │
│                                         │
│                                         │
│                                         │
└─────────────────────────────────────────┘
```

🍃🍃🍃

Date: ____/____/____

Gratitude List:

1. _____
2. _____
3. _____
4. _____
5. _____

PAINT YOUR CANVAS

Date: ____/____/____

Gratitude List:

1. _____
2. _____
3. _____
4. _____
5. _____

PAINT YOUR CANVAS

Date: ____/____/____

Gratitude List:

1. _____
2. _____
3. _____
4. _____
5. _____

PAINT YOUR CANVAS

Date: ____/____/____

Gratitude List:

1. _____
2. _____
3. _____
4. _____
5. _____

PAINT YOUR CANVAS

Date: ____/____/____

Gratitude List:

1. _____
2. _____
3. _____
4. _____
5. _____

PAINT YOUR CANVAS

Date: ____/____/____

Gratitude List:

1. _____
2. _____
3. _____
4. _____
5. _____

PAINT YOUR CANVAS

"Yesterday I was clever, so I wanted to change the world. Today I am wise, so I am changing myself."

- Rumi

Date: ____/____/____

Gratitude List:

1. _____
2. _____
3. _____
4. _____
5. _____

PAINT YOUR CANVAS

Date: ____/____/____

Gratitude List:

1. _____
2. _____
3. _____
4. _____
5. _____

PAINT YOUR CANVAS

🍃🍃🍃

Date: ___/___/___

Gratitude List:

1. _____
2. _____
3. _____
4. _____
5. _____

```
PAINT YOUR CANVAS
```

Date: ___/___/___

Gratitude List:

1. _____
2. _____
3. _____
4. _____
5. _____

```
PAINT YOUR CANVAS
```

🍃🍃🍃

Date: ____/____/____

Gratitude List:

1. _____
2. _____
3. _____
4. _____
5. _____

```
┌─────────────────────────────────────────┐
│           PAINT YOUR CANVAS             │
│                                         │
│                                         │
│                                         │
└─────────────────────────────────────────┘
```

Date: ____/____/____

Gratitude List:

1. _____
2. _____
3. _____
4. _____
5. _____

```
┌─────────────────────────────────────────┐
│           PAINT YOUR CANVAS             │
│                                         │
│                                         │
│                                         │
└─────────────────────────────────────────┘
```

Date: ___/___/___

Gratitude List:

1. _____
2. _____
3. _____
4. _____
5. _____

PAINT YOUR CANVAS

Date: ___/___/___

Gratitude List:

1. _____
2. _____
3. _____
4. _____
5. _____

PAINT YOUR CANVAS

"Dead yesterdays and unborn tomorrows, why fret about it, if today be sweet."

- Omar Khayyám

Date: ___/___/___

Gratitude List:

1. _____
2. _____
3. _____
4. _____
5. _____

```
PAINT YOUR CANVAS
```

Date: ___/___/___

Gratitude List:

1. _____
2. _____
3. _____
4. _____
5. _____

```
PAINT YOUR CANVAS
```

Date: ____ / ____ / ____

Gratitude List:

1. _____
2. _____
3. _____
4. _____
5. _____

```
┌─────────────────────────────────────────┐
│           PAINT YOUR CANVAS             │
│                                         │
│                                         │
│                                         │
└─────────────────────────────────────────┘
```

Date: ____ / ____ / ____

Gratitude List:

1. _____
2. _____
3. _____
4. _____
5. _____

```
┌─────────────────────────────────────────┐
│           PAINT YOUR CANVAS             │
│                                         │
│                                         │
│                                         │
└─────────────────────────────────────────┘
```

Date: ____/____/____

Gratitude List:

1. _____
2. _____
3. _____
4. _____
5. _____

```
PAINT YOUR CANVAS
```

Date: ____/____/____

Gratitude List:

1. _____
2. _____
3. _____
4. _____
5. _____

```
PAINT YOUR CANVAS
```

Date: ___/___/___

Gratitude List:

1. _____
2. _____
3. _____
4. _____
5. _____

PAINT YOUR CANVAS

Date: ___/___/___

Gratitude List:

1. _____
2. _____
3. _____
4. _____
5. _____

PAINT YOUR CANVAS

"Be where your feet are."

- Anonymous

Date: ____/____/____

Gratitude List:

1. _____
2. _____
3. _____
4. _____
5. _____

PAINT YOUR CANVAS

Date: ____/____/____

Gratitude List:

1. _____
2. _____
3. _____
4. _____
5. _____

PAINT YOUR CANVAS

Date: ____/____/____

Gratitude List:

1. _____
2. _____
3. _____
4. _____
5. _____

PAINT YOUR CANVAS

Date: ____/____/____

Gratitude List:

1. _____
2. _____
3. _____
4. _____
5. _____

PAINT YOUR CANVAS

Date: ____/____/____

Gratitude List:

1. _____
2. _____
3. _____
4. _____
5. _____

```
+--------------------------------------------------+
|                 PAINT YOUR CANVAS                |
|                                                  |
|                                                  |
|                                                  |
|                                                  |
+--------------------------------------------------+
```

Date: ____/____/____

Gratitude List:

1. _____
2. _____
3. _____
4. _____
5. _____

```
+--------------------------------------------------+
|                 PAINT YOUR CANVAS                |
|                                                  |
|                                                  |
|                                                  |
|                                                  |
+--------------------------------------------------+
```

Date: ____/____/____

Gratitude List:

1. _____
2. _____
3. _____
4. _____
5. _____

PAINT YOUR CANVAS

Date: ____/____/____

Gratitude List:

1. _____
2. _____
3. _____
4. _____
5. _____

PAINT YOUR CANVAS

"We are what we repeatedly do. Excellence, then, is not an act, but a habit.

- Aristotle

Date: ____/____/____

Gratitude List:

1. _____
2. _____
3. _____
4. _____
5. _____

```
PAINT YOUR CANVAS
```

Date: ____/____/____

Gratitude List:

1. _____
2. _____
3. _____
4. _____
5. _____

```
PAINT YOUR CANVAS
```

Date: ____/____/____

Gratitude List:

1. _____
2. _____
3. _____
4. _____
5. _____

PAINT YOUR CANVAS

Date: ____/____/____

Gratitude List:

1. _____
2. _____
3. _____
4. _____
5. _____

PAINT YOUR CANVAS

Date: ____/____/____

Gratitude List:

1. _____
2. _____
3. _____
4. _____
5. _____

PAINT YOUR CANVAS

Date: ____/____/____

Gratitude List:

1. _____
2. _____
3. _____
4. _____
5. _____

PAINT YOUR CANVAS

Date: ____/____/____

Gratitude List:

1. _____
2. _____
3. _____
4. _____
5. _____

```
PAINT YOUR CANVAS
```

Date: ____/____/____

Gratitude List:

1. _____
2. _____
3. _____
4. _____
5. _____

```
PAINT YOUR CANVAS
```

"Be like water making its way through cracks. Do not be assertive, but adjust to the object and you shall find a way around or through it. If nothing within you stays rigid, outward things will disclose themselves."

- Bruce Lee

Date: ____/____/____

Gratitude List:

1. _____
2. _____
3. _____
4. _____
5. _____

```
┌─────────────────────────────────────────────┐
│              PAINT YOUR CANVAS              │
│                                             │
│                                             │
│                                             │
└─────────────────────────────────────────────┘
```

Date: ____/____/____

Gratitude List:

1. _____
2. _____
3. _____
4. _____
5. _____

```
┌─────────────────────────────────────────────┐
│              PAINT YOUR CANVAS              │
│                                             │
│                                             │
│                                             │
└─────────────────────────────────────────────┘
```

Date: ____/____/____

Gratitude List:

1. _____
2. _____
3. _____
4. _____
5. _____

PAINT YOUR CANVAS

Date: ____/____/____

Gratitude List:

1. _____
2. _____
3. _____
4. _____
5. _____

PAINT YOUR CANVAS

Date: ___/___/___

Gratitude List:

1. _____
2. _____
3. _____
4. _____
5. _____

```
┌─────────────────────────────────────────┐
│           PAINT YOUR CANVAS             │
│                                         │
│                                         │
│                                         │
└─────────────────────────────────────────┘
```

Date: ___/___/___

Gratitude List:

1. _____
2. _____
3. _____
4. _____
5. _____

```
┌─────────────────────────────────────────┐
│           PAINT YOUR CANVAS             │
│                                         │
│                                         │
│                                         │
└─────────────────────────────────────────┘
```

Date: ____/____/____

Gratitude List:

1. _____
2. _____
3. _____
4. _____
5. _____

PAINT YOUR CANVAS

Date: ____/____/____

Gratitude List:

1. _____
2. _____
3. _____
4. _____
5. _____

PAINT YOUR CANVAS

"No one saves us but ourselves. No one can, and no one may. We ourselves must walk the path."

- Budda

Date: ____/____/____

Gratitude List:

1. _____
2. _____
3. _____
4. _____
5. _____

```
┌─────────────────────────────────────────────┐
│               PAINT YOUR CANVAS             │
│                                             │
│                                             │
│                                             │
└─────────────────────────────────────────────┘
```

Date: ____/____/____

Gratitude List:

1. _____
2. _____
3. _____
4. _____
5. _____

```
┌─────────────────────────────────────────────┐
│               PAINT YOUR CANVAS             │
│                                             │
│                                             │
│                                             │
└─────────────────────────────────────────────┘
```

Date: ____/____/____

Gratitude List:

1. _____
2. _____
3. _____
4. _____
5. _____

PAINT YOUR CANVAS

Date: ____/____/____

Gratitude List:

1. _____
2. _____
3. _____
4. _____
5. _____

PAINT YOUR CANVAS

Date: ____/____/____

Gratitude List:

1. _____
2. _____
3. _____
4. _____
5. _____

```
┌─────────────────────────────────────────────┐
│              PAINT YOUR CANVAS              │
│                                             │
│                                             │
│                                             │
│                                             │
└─────────────────────────────────────────────┘
```

Date: ____/____/____

Gratitude List:

1. _____
2. _____
3. _____
4. _____
5. _____

```
┌─────────────────────────────────────────────┐
│              PAINT YOUR CANVAS              │
│                                             │
│                                             │
│                                             │
│                                             │
└─────────────────────────────────────────────┘
```

Date: ___/___/___

Gratitude List:

1. _____
2. _____
3. _____
4. _____
5. _____

```
PAINT YOUR CANVAS
```

Date: ___/___/___

Gratitude List:

1. _____
2. _____
3. _____
4. _____
5. _____

```
PAINT YOUR CANVAS
```

"The greatest pleasure of life is love."

- Euripides

Date: ___/___/___

Gratitude List:

1. _____
2. _____
3. _____
4. _____
5. _____

```
┌─────────────────────────────────────────┐
│           PAINT YOUR CANVAS             │
│                                         │
│                                         │
│                                         │
└─────────────────────────────────────────┘
```

Date: ___/___/___

Gratitude List:

1. _____
2. _____
3. _____
4. _____
5. _____

```
┌─────────────────────────────────────────┐
│           PAINT YOUR CANVAS             │
│                                         │
│                                         │
│                                         │
└─────────────────────────────────────────┘
```

Date: ___/___/___

Gratitude List:

1. _____
2. _____
3. _____
4. _____
5. _____

PAINT YOUR CANVAS

Date: ___/___/___

Gratitude List:

1. _____
2. _____
3. _____
4. _____
5. _____

PAINT YOUR CANVAS

Date: ____/____/____

Gratitude List:

1. _____
2. _____
3. _____
4. _____
5. _____

PAINT YOUR CANVAS

Date: ____/____/____

Gratitude List:

1. _____
2. _____
3. _____
4. _____
5. _____

PAINT YOUR CANVAS

Date: ____/____/____

Gratitude List:

1. _____
2. _____
3. _____
4. _____
5. _____

PAINT YOUR CANVAS

Date: ____/____/____

Gratitude List:

1. _____
2. _____
3. _____
4. _____
5. _____

PAINT YOUR CANVAS

"Forget all the reasons it won't work and believe the one reason that it will."
— Unknown

Date: ____/____/____

Gratitude List:

1. _____
2. _____
3. _____
4. _____
5. _____

PAINT YOUR CANVAS

Date: ____/____/____

Gratitude List:

1. _____
2. _____
3. _____
4. _____
5. _____

PAINT YOUR CANVAS

Date: ____/____/____

Gratitude List:

1. _____
2. _____
3. _____
4. _____
5. _____

```
┌─────────────────────────────────────┐
│          PAINT YOUR CANVAS          │
│                                     │
│                                     │
│                                     │
└─────────────────────────────────────┘
```

Date: ____/____/____

Gratitude List:

1. _____
2. _____
3. _____
4. _____
5. _____

```
┌─────────────────────────────────────┐
│          PAINT YOUR CANVAS          │
│                                     │
│                                     │
│                                     │
└─────────────────────────────────────┘
```

Date: ____/____/____

Gratitude List:

1. _____
2. _____
3. _____
4. _____
5. _____

PAINT YOUR CANVAS

Date: ____/____/____

Gratitude List:

1. _____
2. _____
3. _____
4. _____
5. _____

PAINT YOUR CANVAS

Date: ____/____/____

Gratitude List:

1. _____
2. _____
3. _____
4. _____
5. _____

PAINT YOUR CANVAS

Date: ____/____/____

Gratitude List:

1. _____
2. _____
3. _____
4. _____
5. _____

PAINT YOUR CANVAS

"When one door closes another door opens; but we so often look so long and so regretfully upon the closed door, that we do not see the ones which open for us."

- Alexander Graham Bell

Date: ____/____/____

Gratitude List:

1. _____
2. _____
3. _____
4. _____
5. _____

PAINT YOUR CANVAS

Date: ____/____/____

Gratitude List:

1. _____
2. _____
3. _____
4. _____
5. _____

PAINT YOUR CANVAS

Date: ____/____/____

Gratitude List:

1. _____
2. _____
3. _____
4. _____
5. _____

PAINT YOUR CANVAS

Date: ____/____/____

Gratitude List:

1. _____
2. _____
3. _____
4. _____
5. _____

PAINT YOUR CANVAS

Date: ____/____/____

Gratitude List:

1. _____
2. _____
3. _____
4. _____
5. _____

```
┌─────────────────────────────────────────┐
│           PAINT YOUR CANVAS             │
│                                         │
│                                         │
│                                         │
│                                         │
└─────────────────────────────────────────┘
```

Date: ____/____/____

Gratitude List:

1. _____
2. _____
3. _____
4. _____
5. _____

```
┌─────────────────────────────────────────┐
│           PAINT YOUR CANVAS             │
│                                         │
│                                         │
│                                         │
│                                         │
└─────────────────────────────────────────┘
```

Date: ____/____/____

Gratitude List:

1. _____
2. _____
3. _____
4. _____
5. _____

```
┌─────────────────────────────────────────────┐
│              PAINT YOUR CANVAS              │
│                                             │
│                                             │
│                                             │
└─────────────────────────────────────────────┘
```

Date: ____/____/____

Gratitude List:

1. _____
2. _____
3. _____
4. _____
5. _____

```
┌─────────────────────────────────────────────┐
│              PAINT YOUR CANVAS              │
│                                             │
│                                             │
│                                             │
└─────────────────────────────────────────────┘
```

"A person who never made a mistake never tried anything new."
- Albert Einstein

Date: ____/____/____

Gratitude List:

1. _____
2. _____
3. _____
4. _____
5. _____

PAINT YOUR CANVAS

Date: ____/____/____

Gratitude List:

1. _____
2. _____
3. _____
4. _____
5. _____

PAINT YOUR CANVAS

Date: ___/___/___

Gratitude List:

1. _____
2. _____
3. _____
4. _____
5. _____

```
PAINT YOUR CANVAS
```

Date: ___/___/___

Gratitude List:

1. _____
2. _____
3. _____
4. _____
5. _____

```
PAINT YOUR CANVAS
```

Date: ___/___/___

Gratitude List:

1. _____
2. _____
3. _____
4. _____
5. _____

```
PAINT YOUR CANVAS
```

Date: ___/___/___

Gratitude List:

1. _____
2. _____
3. _____
4. _____
5. _____

```
PAINT YOUR CANVAS
```

Date: ____/____/____

Gratitude List:

1. _____
2. _____
3. _____
4. _____
5. _____

+---+
| PAINT YOUR CANVAS |
| |
| |
| |
+---+

Date: ____/____/____

Gratitude List:

1. _____
2. _____
3. _____
4. _____
5. _____

+---+
| PAINT YOUR CANVAS |
| |
| |
| |
+---+

"A man is rich in proportion to the number of things he can afford to let alone."
- Henry David Thoreau

Date: ____/____/____

Gratitude List:

1. _____
2. _____
3. _____
4. _____
5. _____

PAINT YOUR CANVAS

Date: ____/____/____

Gratitude List:

1. _____
2. _____
3. _____
4. _____
5. _____

PAINT YOUR CANVAS

Date: ___/___/___

Gratitude List:

1. _____
2. _____
3. _____
4. _____
5. _____

PAINT YOUR CANVAS

Date: ___/___/___

Gratitude List:

1. _____
2. _____
3. _____
4. _____
5. _____

PAINT YOUR CANVAS

Date: ___/___/___

Gratitude List:

1. _____
2. _____
3. _____
4. _____
5. _____

```
PAINT YOUR CANVAS
```

Date: ___/___/___

Gratitude List:

1. _____
2. _____
3. _____
4. _____
5. _____

```
PAINT YOUR CANVAS
```

Date: ____/____/____

Gratitude List:

1. _____
2. _____
3. _____
4. _____
5. _____

PAINT YOUR CANVAS

Date: ____/____/____

Gratitude List:

1. _____
2. _____
3. _____
4. _____
5. _____

PAINT YOUR CANVAS

"The sun is new each day."

— Heraclitus

Date: ____/____/____

Gratitude List:

1. _____
2. _____
3. _____
4. _____
5. _____

```
+------------------------------------------+
|             PAINT YOUR CANVAS            |
|                                          |
|                                          |
|                                          |
+------------------------------------------+
```

Date: ____/____/____

Gratitude List:

1. _____
2. _____
3. _____
4. _____
5. _____

```
+------------------------------------------+
|             PAINT YOUR CANVAS            |
|                                          |
|                                          |
|                                          |
+------------------------------------------+
```

Date: ____ / ____ / ____

Gratitude List:

1. _____
2. _____
3. _____
4. _____
5. _____

PAINT YOUR CANVAS

Date: ____ / ____ / ____

Gratitude List:

1. _____
2. _____
3. _____
4. _____
5. _____

PAINT YOUR CANVAS

Date: ____/____/____

Gratitude List:

1. _____
2. _____
3. _____
4. _____
5. _____

```
┌──────────────────────────────────────┐
│           PAINT YOUR CANVAS          │
│                                      │
│                                      │
│                                      │
└──────────────────────────────────────┘
```

Date: ____/____/____

Gratitude List:

1. _____
2. _____
3. _____
4. _____
5. _____

```
┌──────────────────────────────────────┐
│           PAINT YOUR CANVAS          │
│                                      │
│                                      │
│                                      │
└──────────────────────────────────────┘
```

Date: ___/___/___

Gratitude List:

1. _____
2. _____
3. _____
4. _____
5. _____

```
PAINT YOUR CANVAS
```

Date: ___/___/___

Gratitude List:

1. _____
2. _____
3. _____
4. _____
5. _____

```
PAINT YOUR CANVAS
```

"Everything has beauty, but not everyone can see."

— Confucius

Date: ____ / ____ / ____

Gratitude List:

1. _____
2. _____
3. _____
4. _____
5. _____

PAINT YOUR CANVAS

Date: ____ / ____ / ____

Gratitude List:

1. _____
2. _____
3. _____
4. _____
5. _____

PAINT YOUR CANVAS

Date: ____/____/____

Gratitude List:

1. _____
2. _____
3. _____
4. _____
5. _____

PAINT YOUR CANVAS

Date: ____/____/____

Gratitude List:

1. _____
2. _____
3. _____
4. _____
5. _____

PAINT YOUR CANVAS

Date: ____/____/____

Gratitude List:

1. _____
2. _____
3. _____
4. _____
5. _____

PAINT YOUR CANVAS

Date: ____/____/____

Gratitude List:

1. _____
2. _____
3. _____
4. _____
5. _____

PAINT YOUR CANVAS

Date: ____/____/____

Gratitude List:

1. _____
2. _____
3. _____
4. _____
5. _____

PAINT YOUR CANVAS

Date: ____/____/____

Gratitude List:

1. _____
2. _____
3. _____
4. _____
5. _____

PAINT YOUR CANVAS

"In order to carry a positive action, we must develop here a positive vision."

- Dalai Lama

Date: ____/____/____

Gratitude List:

1. _____
2. _____
3. _____
4. _____
5. _____

```
┌─────────────────────────────────────────────┐
│              PAINT YOUR CANVAS              │
│                                             │
│                                             │
│                                             │
│                                             │
└─────────────────────────────────────────────┘
```

Date: ____/____/____

Gratitude List:

1. _____
2. _____
3. _____
4. _____
5. _____

```
┌─────────────────────────────────────────────┐
│              PAINT YOUR CANVAS              │
│                                             │
│                                             │
│                                             │
│                                             │
└─────────────────────────────────────────────┘
```

Date: ____/____/____

Gratitude List:

1. _____
2. _____
3. _____
4. _____
5. _____

PAINT YOUR CANVAS

Date: ____/____/____

Gratitude List:

1. _____
2. _____
3. _____
4. _____
5. _____

PAINT YOUR CANVAS

Date: ____/____/____

Gratitude List:

1. _____
2. _____
3. _____
4. _____
5. _____

PAINT YOUR CANVAS

Date: ____/____/____

Gratitude List:

1. _____
2. _____
3. _____
4. _____
5. _____

PAINT YOUR CANVAS

Date: ____/____/____

Gratitude List:

1. _____
2. _____
3. _____
4. _____
5. _____

```
┌─────────────────────────────────────────────┐
│              PAINT YOUR CANVAS              │
│                                             │
│                                             │
│                                             │
│                                             │
└─────────────────────────────────────────────┘
```

Date: ____/____/____

Gratitude List:

1. _____
2. _____
3. _____
4. _____
5. _____

```
┌─────────────────────────────────────────────┐
│              PAINT YOUR CANVAS              │
│                                             │
│                                             │
│                                             │
│                                             │
└─────────────────────────────────────────────┘
```

"Every great dream begins with a dreamer. Always remember, you have within you the strength, the patience, and the passion to reach for the stars to change the world."
- Harriet Tubman

Date: ____/____/____

Gratitude List:

1. _____
2. _____
3. _____
4. _____
5. _____

+---+
| PAINT YOUR CANVAS |
| |
| |
| |
+---+

Date: ____/____/____

Gratitude List:

1. _____
2. _____
3. _____
4. _____
5. _____

+---+
| PAINT YOUR CANVAS |
| |
| |
| |
+---+

Date: ____/____/____

Gratitude List:

1. _____
2. _____
3. _____
4. _____
5. _____

PAINT YOUR CANVAS

Date: ____/____/____

Gratitude List:

1. _____
2. _____
3. _____
4. _____
5. _____

PAINT YOUR CANVAS

Date: ___/___/___

Gratitude List:

1. _____
2. _____
3. _____
4. _____
5. _____

+---------------------------------------+
| PAINT YOUR CANVAS |
| |
| |
| |
+---------------------------------------+

Date: ___/___/___

Gratitude List:

1. _____
2. _____
3. _____
4. _____
5. _____

+---------------------------------------+
| PAINT YOUR CANVAS |
| |
| |
| |
+---------------------------------------+

Date: ____/____/____

Gratitude List:

1. _____
2. _____
3. _____
4. _____
5. _____

PAINT YOUR CANVAS

Date: ____/____/____

Gratitude List:

1. _____
2. _____
3. _____
4. _____
5. _____

PAINT YOUR CANVAS

"We don't stop playing because we grow old; we grow old because we stop playing."

- George Bernard Shaw

Date: ____/____/____

Gratitude List:

1. _____
2. _____
3. _____
4. _____
5. _____

```
+------------------------------------------+
|             PAINT YOUR CANVAS            |
|                                          |
|                                          |
|                                          |
|                                          |
+------------------------------------------+
```

Date: ____/____/____

Gratitude List:

1. _____
2. _____
3. _____
4. _____
5. _____

```
+------------------------------------------+
|             PAINT YOUR CANVAS            |
|                                          |
|                                          |
|                                          |
|                                          |
+------------------------------------------+
```

Date: ____/____/____

Gratitude List:

1. _____
2. _____
3. _____
4. _____
5. _____

PAINT YOUR CANVAS

Date: ____/____/____

Gratitude List:

1. _____
2. _____
3. _____
4. _____
5. _____

PAINT YOUR CANVAS

Date: ____ / ____ / ____

Gratitude List:

1. _____
2. _____
3. _____
4. _____
5. _____

PAINT YOUR CANVAS

Date: ____ / ____ / ____

Gratitude List:

1. _____
2. _____
3. _____
4. _____
5. _____

PAINT YOUR CANVAS

Date: ____/____/____

Gratitude List:

1. _____
2. _____
3. _____
4. _____
5. _____

PAINT YOUR CANVAS

Date: ____/____/____

Gratitude List:

1. _____
2. _____
3. _____
4. _____
5. _____

PAINT YOUR CANVAS

"When I let go of what I am, I become what I might be."

— Lao Tzu

Date: ___/___/___

Gratitude List:

1. _____
2. _____
3. _____
4. _____
5. _____

+---+
| PAINT YOUR CANVAS |
| |
| |
| |
+---+

Date: ___/___/___

Gratitude List:

1. _____
2. _____
3. _____
4. _____
5. _____

+---+
| PAINT YOUR CANVAS |
| |
| |
| |
+---+

Date: ____/____/____

Gratitude List:

1. _____
2. _____
3. _____
4. _____
5. _____

PAINT YOUR CANVAS

Date: ____/____/____

Gratitude List:

1. _____
2. _____
3. _____
4. _____
5. _____

PAINT YOUR CANVAS

Date: ____/____/____

Gratitude List:

1. _____
2. _____
3. _____
4. _____
5. _____

```
PAINT YOUR CANVAS
```

Date: ____/____/____

Gratitude List:

1. _____
2. _____
3. _____
4. _____
5. _____

```
PAINT YOUR CANVAS
```

Date: ____/____/____

Gratitude List:

1. _____
2. _____
3. _____
4. _____
5. _____

PAINT YOUR CANVAS

Date: ____/____/____

Gratitude List:

1. _____
2. _____
3. _____
4. _____
5. _____

PAINT YOUR CANVAS

"It always seems impossible until its done."

- Nelson Mandela

Date: ____/____/____

Gratitude List:

1. _____
2. _____
3. _____
4. _____
5. _____

PAINT YOUR CANVAS

Date: ____/____/____

Gratitude List:

1. _____
2. _____
3. _____
4. _____
5. _____

PAINT YOUR CANVAS

Date: ____/____/____

Gratitude List:

1. _____
2. _____
3. _____
4. _____
5. _____

PAINT YOUR CANVAS

Date: ____/____/____

Gratitude List:

1. _____
2. _____
3. _____
4. _____
5. _____

PAINT YOUR CANVAS

Date: ____/____/____

Gratitude List:

1. _____
2. _____
3. _____
4. _____
5. _____

PAINT YOUR CANVAS

Date: ____/____/____

Gratitude List:

1. _____
2. _____
3. _____
4. _____
5. _____

PAINT YOUR CANVAS

Date: ___/___/___

Gratitude List:

1. _____
2. _____
3. _____
4. _____
5. _____

```
PAINT YOUR CANVAS
```

Date: ___/___/___

Gratitude List:

1. _____
2. _____
3. _____
4. _____
5. _____

```
PAINT YOUR CANVAS
```

"What matters is how quickly you do what your soul directs."

- Rumi

Date: ____/____/____

Gratitude List:

1. _____
2. _____
3. _____
4. _____
5. _____

```
PAINT YOUR CANVAS
```

Date: ____/____/____

Gratitude List:

1. _____
2. _____
3. _____
4. _____
5. _____

```
PAINT YOUR CANVAS
```

🍃🍃🍃

Date: ___/___/___

Gratitude List:

1. _____
2. _____
3. _____
4. _____
5. _____

PAINT YOUR CANVAS

Date: ___/___/___

Gratitude List:

1. _____
2. _____
3. _____
4. _____
5. _____

PAINT YOUR CANVAS

🍃🍃🍃

Date: ____/____/____

Gratitude List:

1. _____
2. _____
3. _____
4. _____
5. _____

PAINT YOUR CANVAS

Date: ____/____/____

Gratitude List:

1. _____
2. _____
3. _____
4. _____
5. _____

PAINT YOUR CANVAS

Date: ____/____/____

Gratitude List:

1. _____
2. _____
3. _____
4. _____
5. _____

PAINT YOUR CANVAS

Date: ____/____/____

Gratitude List:

1. _____
2. _____
3. _____
4. _____
5. _____

PAINT YOUR CANVAS

"I dwell in possibility."
 -    Emily Dickinson

Date: ____/____/____

Gratitude List:

1. _____
2. _____
3. _____
4. _____
5. _____

PAINT YOUR CANVAS

Date: ____/____/____

Gratitude List:

1. _____
2. _____
3. _____
4. _____
5. _____

PAINT YOUR CANVAS

Date: ____/____/____

Gratitude List:

1. _____
2. _____
3. _____
4. _____
5. _____

PAINT YOUR CANVAS

Date: ____/____/____

Gratitude List:

1. _____
2. _____
3. _____
4. _____
5. _____

PAINT YOUR CANVAS

Date: ____/____/____

Gratitude List:

1. _____
2. _____
3. _____
4. _____
5. _____

PAINT YOUR CANVAS

Date: ____/____/____

Gratitude List:

1. _____
2. _____
3. _____
4. _____
5. _____

PAINT YOUR CANVAS

Date: ___/___/___

Gratitude List:

1. _____
2. _____
3. _____
4. _____
5. _____

```
+-------------------------------------------+
|            PAINT YOUR CANVAS              |
|                                           |
|                                           |
|                                           |
+-------------------------------------------+
```

Date: ___/___/___

Gratitude List:

1. _____
2. _____
3. _____
4. _____
5. _____

```
+-------------------------------------------+
|            PAINT YOUR CANVAS              |
|                                           |
|                                           |
|                                           |
+-------------------------------------------+
```

"A little progress everyday adds up to big results."

- Anonymous

Date: ___/___/___

Gratitude List:

1. _____
2. _____
3. _____
4. _____
5. _____

```
PAINT YOUR CANVAS
```

Date: ___/___/___

Gratitude List:

1. _____
2. _____
3. _____
4. _____
5. _____

```
PAINT YOUR CANVAS
```

Date: ____/____/____

Gratitude List:

1. _____
2. _____
3. _____
4. _____
5. _____

PAINT YOUR CANVAS

Date: ____/____/____

Gratitude List:

1. _____
2. _____
3. _____
4. _____
5. _____

PAINT YOUR CANVAS

Date: ____/____/____

Gratitude List:

1. _____
2. _____
3. _____
4. _____
5. _____

```
+------------------------------------------+
|            PAINT YOUR CANVAS             |
|                                          |
|                                          |
|                                          |
+------------------------------------------+
```

Date: ____/____/____

Gratitude List:

1. _____
2. _____
3. _____
4. _____
5. _____

```
+------------------------------------------+
|            PAINT YOUR CANVAS             |
|                                          |
|                                          |
|                                          |
+------------------------------------------+
```

Date: ____/____/____

Gratitude List:

1. _____
2. _____
3. _____
4. _____
5. _____

+---+
| PAINT YOUR CANVAS |
| |
| |
| |
+---+

Date: ____/____/____

Gratitude List:

1. _____
2. _____
3. _____
4. _____
5. _____

+---+
| PAINT YOUR CANVAS |
| |
| |
| |
+---+

"If you want to lift yourself up, lift up someone else."

- Booker T. Washington

Date: ____/____/____

Gratitude List:

1. _____
2. _____
3. _____
4. _____
5. _____

```
+------------------------------------------+
|            PAINT YOUR CANVAS             |
|                                          |
|                                          |
|                                          |
+------------------------------------------+
```

Date: ____/____/____

Gratitude List:

1. _____
2. _____
3. _____
4. _____
5. _____

```
+------------------------------------------+
|            PAINT YOUR CANVAS             |
|                                          |
|                                          |
|                                          |
+------------------------------------------+
```

Date: ___/___/___

Gratitude List:

1. _____
2. _____
3. _____
4. _____
5. _____

```
┌──────────────────────────────────────┐
│           PAINT YOUR CANVAS          │
│                                      │
│                                      │
│                                      │
└──────────────────────────────────────┘
```

Date: ___/___/___

Gratitude List:

1. _____
2. _____
3. _____
4. _____
5. _____

```
┌──────────────────────────────────────┐
│           PAINT YOUR CANVAS          │
│                                      │
│                                      │
│                                      │
└──────────────────────────────────────┘
```

Date: ____/____/____

Gratitude List:

1. _____
2. _____
3. _____
4. _____
5. _____

PAINT YOUR CANVAS

Date: ____/____/____

Gratitude List:

1. _____
2. _____
3. _____
4. _____
5. _____

PAINT YOUR CANVAS

Date: ____ / ____ / ____

Gratitude List:

1. _____
2. _____
3. _____
4. _____
5. _____

PAINT YOUR CANVAS

Date: ____ / ____ / ____

Gratitude List:

1. _____
2. _____
3. _____
4. _____
5. _____

PAINT YOUR CANVAS

"Knowledge speaks, but wisdom listens."
- Jimi Hendrix

Date: ____/____/____

Gratitude List:

1. _____
2. _____
3. _____
4. _____
5. _____

```
┌─────────────────────────────────────────┐
│           PAINT YOUR CANVAS             │
│                                         │
│                                         │
│                                         │
└─────────────────────────────────────────┘
```

Date: ____/____/____

Gratitude List:

1. _____
2. _____
3. _____
4. _____
5. _____

```
┌─────────────────────────────────────────┐
│           PAINT YOUR CANVAS             │
│                                         │
│                                         │
│                                         │
└─────────────────────────────────────────┘
```

Date: ____/____/____

Gratitude List:

1. _____
2. _____
3. _____
4. _____
5. _____

PAINT YOUR CANVAS

Date: ____/____/____

Gratitude List:

1. _____
2. _____
3. _____
4. _____
5. _____

PAINT YOUR CANVAS

Date: ___/___/___

Gratitude List:

1. _____
2. _____
3. _____
4. _____
5. _____

```
PAINT YOUR CANVAS
```

Date: ___/___/___

Gratitude List:

1. _____
2. _____
3. _____
4. _____
5. _____

```
PAINT YOUR CANVAS
```

Date: ____/____/____

Gratitude List:

1. _____
2. _____
3. _____
4. _____
5. _____

```
PAINT YOUR CANVAS
```

Date: ____/____/____

Gratitude List:

1. _____
2. _____
3. _____
4. _____
5. _____

```
PAINT YOUR CANVAS
```

"I am an old man and have known a great many troubles, but most of them never happened."

— Mark Twain

Date: ___/___/___

Gratitude List:

1. _____
2. _____
3. _____
4. _____
5. _____

```
┌─────────────────────────────────────────┐
│            PAINT YOUR CANVAS            │
│                                         │
│                                         │
│                                         │
└─────────────────────────────────────────┘
```

Date: ___/___/___

Gratitude List:

1. _____
2. _____
3. _____
4. _____
5. _____

```
┌─────────────────────────────────────────┐
│            PAINT YOUR CANVAS            │
│                                         │
│                                         │
│                                         │
└─────────────────────────────────────────┘
```

Date: ___/___/___

Gratitude List:

1. _____
2. _____
3. _____
4. _____
5. _____

PAINT YOUR CANVAS

Date: ___/___/___

Gratitude List:

1. _____
2. _____
3. _____
4. _____
5. _____

PAINT YOUR CANVAS

Date: ___ / ___ / ___

Gratitude List:

1. _____
2. _____
3. _____
4. _____
5. _____

PAINT YOUR CANVAS

Date: ___ / ___ / ___

Gratitude List:

1. _____
2. _____
3. _____
4. _____
5. _____

PAINT YOUR CANVAS

Date: ___/___/___

Gratitude List:
1. _____
2. _____
3. _____
4. _____
5. _____

```
PAINT YOUR CANVAS
```

Date: ___/___/___

Gratitude List:
1. _____
2. _____
3. _____
4. _____
5. _____

```
PAINT YOUR CANVAS
```

"What we achieve inwardly will change outer reality."

- Plutarch

Date: ___/___/___

Gratitude List:

1. _____
2. _____
3. _____
4. _____
5. _____

PAINT YOUR CANVAS

Date: ___/___/___

Gratitude List:

1. _____
2. _____
3. _____
4. _____
5. _____

PAINT YOUR CANVAS

Date: ____/____/____

Gratitude List:

1. _____
2. _____
3. _____
4. _____
5. _____

+---+
| PAINT YOUR CANVAS |
| |
| |
| |
+---+

Date: ____/____/____

Gratitude List:

1. _____
2. _____
3. _____
4. _____
5. _____

+---+
| PAINT YOUR CANVAS |
| |
| |
| |
+---+

Date: ___/___/___

Gratitude List:

1. _____
2. _____
3. _____
4. _____
5. _____

```
┌─────────────────────────────────────┐
│         PAINT YOUR CANVAS           │
│                                     │
│                                     │
│                                     │
│                                     │
└─────────────────────────────────────┘
```

Date: ___/___/___

Gratitude List:

1. _____
2. _____
3. _____
4. _____
5. _____

```
┌─────────────────────────────────────┐
│         PAINT YOUR CANVAS           │
│                                     │
│                                     │
│                                     │
│                                     │
└─────────────────────────────────────┘
```

Date: ____/____/____

Gratitude List:

1. _____
2. _____
3. _____
4. _____
5. _____

```
+----------------------------------------------+
|              PAINT YOUR CANVAS               |
|                                              |
|                                              |
|                                              |
|                                              |
+----------------------------------------------+
```

Date: ____/____/____

Gratitude List:

1. _____
2. _____
3. _____
4. _____
5. _____

```
+----------------------------------------------+
|              PAINT YOUR CANVAS               |
|                                              |
|                                              |
|                                              |
|                                              |
+----------------------------------------------+
```

"The invariable mark of wisdom is to see the miraculous in the common."

- Ralph Waldo Emerson

Date: ____ / ____ / ____

Gratitude List:

1. _____
2. _____
3. _____
4. _____
5. _____

PAINT YOUR CANVAS

Date: ____ / ____ / ____

Gratitude List:

1. _____
2. _____
3. _____
4. _____
5. _____

PAINT YOUR CANVAS

Date: ___/___/___

Gratitude List:

1. _____
2. _____
3. _____
4. _____
5. _____

```
+-------------------------------------------+
|            PAINT YOUR CANVAS              |
|                                           |
|                                           |
|                                           |
+-------------------------------------------+
```

Date: ___/___/___

Gratitude List:

1. _____
2. _____
3. _____
4. _____
5. _____

```
+-------------------------------------------+
|            PAINT YOUR CANVAS              |
|                                           |
|                                           |
|                                           |
+-------------------------------------------+
```

Date: ___/___/___

Gratitude List:

1. _____
2. _____
3. _____
4. _____
5. _____

```
PAINT YOUR CANVAS
```

Date: ___/___/___

Gratitude List:

1. _____
2. _____
3. _____
4. _____
5. _____

```
PAINT YOUR CANVAS
```

Date: ___/___/___

Gratitude List:

1. _____
2. _____
3. _____
4. _____
5. _____

```
┌─────────────────────────────────────────┐
│           PAINT YOUR CANVAS             │
│                                         │
│                                         │
│                                         │
│                                         │
└─────────────────────────────────────────┘
```

Date: ___/___/___

Gratitude List:

1. _____
2. _____
3. _____
4. _____
5. _____

```
┌─────────────────────────────────────────┐
│           PAINT YOUR CANVAS             │
│                                         │
│                                         │
│                                         │
│                                         │
└─────────────────────────────────────────┘
```

"I am a human being, nothing human can be alien to me."

- Terence

Date: ___/___/___

Gratitude List:

1. _____
2. _____
3. _____
4. _____
5. _____

PAINT YOUR CANVAS

Date: ___/___/___

Gratitude List:

1. _____
2. _____
3. _____
4. _____
5. _____

PAINT YOUR CANVAS

Date: ____/____/____

Gratitude List:

1. _____
2. _____
3. _____
4. _____
5. _____

```
+-----------------------------------------------+
|              PAINT YOUR CANVAS                |
|                                               |
|                                               |
|                                               |
+-----------------------------------------------+
```

Date: ____/____/____

Gratitude List:

1. _____
2. _____
3. _____
4. _____
5. _____

```
+-----------------------------------------------+
|              PAINT YOUR CANVAS                |
|                                               |
|                                               |
|                                               |
+-----------------------------------------------+
```

Date: ____/____/____

Gratitude List:

1. _____
2. _____
3. _____
4. _____
5. _____

PAINT YOUR CANVAS

Date: ____/____/____

Gratitude List:

1. _____
2. _____
3. _____
4. _____
5. _____

PAINT YOUR CANVAS

Date: ____/____/____

Gratitude List:

1. _____
2. _____
3. _____
4. _____
5. _____

```
┌─────────────────────────────────────────┐
│           PAINT YOUR CANVAS             │
│                                         │
│                                         │
│                                         │
└─────────────────────────────────────────┘
```

Date: ____/____/____

Gratitude List:

1. _____
2. _____
3. _____
4. _____
5. _____

```
┌─────────────────────────────────────────┐
│           PAINT YOUR CANVAS             │
│                                         │
│                                         │
│                                         │
└─────────────────────────────────────────┘
```

"Wise men make more opportunities than they find."

- Francis Bacon

Date: ____/____/____

Gratitude List:

1. _____
2. _____
3. _____
4. _____
5. _____

PAINT YOUR CANVAS

Date: ____/____/____

Gratitude List:

1. _____
2. _____
3. _____
4. _____
5. _____

PAINT YOUR CANVAS

🌿🌿🌿

Date: ___/___/___

Gratitude List:

1. _____
2. _____
3. _____
4. _____
5. _____

```
┌─────────────────────────────────────────┐
│           PAINT YOUR CANVAS             │
│                                         │
│                                         │
│                                         │
└─────────────────────────────────────────┘
```

Date: ___/___/___

Gratitude List:

1. _____
2. _____
3. _____
4. _____
5. _____

```
┌─────────────────────────────────────────┐
│           PAINT YOUR CANVAS             │
│                                         │
│                                         │
│                                         │
└─────────────────────────────────────────┘
```

🌿🌿🌿

Date: ____/____/____

Gratitude List:

1. _____
2. _____
3. _____
4. _____
5. _____

PAINT YOUR CANVAS

Date: ____/____/____

Gratitude List:

1. _____
2. _____
3. _____
4. _____
5. _____

PAINT YOUR CANVAS

Date: ____/____/____

Gratitude List:

1. _____
2. _____
3. _____
4. _____
5. _____

PAINT YOUR CANVAS

Date: ____/____/____

Gratitude List:

1. _____
2. _____
3. _____
4. _____
5. _____

PAINT YOUR CANVAS

"You'll find that life is still worthwhile, if you just smile."
-   Charlie Chaplin

Date: ____/____/____

Gratitude List:

1. _____
2. _____
3. _____
4. _____
5. _____

PAINT YOUR CANVAS

Date: ____/____/____

Gratitude List:

1. _____
2. _____
3. _____
4. _____
5. _____

PAINT YOUR CANVAS

Date: ____/____/____

Gratitude List:

1. _____
2. _____
3. _____
4. _____
5. _____

```
┌─────────────────────────────────────────┐
│            PAINT YOUR CANVAS            │
│                                         │
│                                         │
│                                         │
└─────────────────────────────────────────┘
```

Date: ____/____/____

Gratitude List:

1. _____
2. _____
3. _____
4. _____
5. _____

```
┌─────────────────────────────────────────┐
│            PAINT YOUR CANVAS            │
│                                         │
│                                         │
│                                         │
└─────────────────────────────────────────┘
```

Date: ___/___/___

Gratitude List:

1. _____
2. _____
3. _____
4. _____
5. _____

```
PAINT YOUR CANVAS
```

Date: ___/___/___

Gratitude List:

1. _____
2. _____
3. _____
4. _____
5. _____

```
PAINT YOUR CANVAS
```

Date: ____/____/____

Gratitude List:

1. _____
2. _____
3. _____
4. _____
5. _____

PAINT YOUR CANVAS

Date: ____/____/____

Gratitude List:

1. _____
2. _____
3. _____
4. _____
5. _____

PAINT YOUR CANVAS

"For the entire law is fulfilled in keeping this one command: love your neighbor as yourself."

- Galatians 5:14 NIV

Date: ___/___/___

Gratitude List:

1. _____
2. _____
3. _____
4. _____
5. _____

PAINT YOUR CANVAS

Date: ___/___/___

Gratitude List:

1. _____
2. _____
3. _____
4. _____
5. _____

PAINT YOUR CANVAS

Date: ___/___/___

Gratitude List:

1. _____
2. _____
3. _____
4. _____
5. _____

```
┌─────────────────────────────────────────┐
│           PAINT YOUR CANVAS             │
│                                         │
│                                         │
│                                         │
└─────────────────────────────────────────┘
```

Date: ___/___/___

Gratitude List:

1. _____
2. _____
3. _____
4. _____
5. _____

```
┌─────────────────────────────────────────┐
│           PAINT YOUR CANVAS             │
│                                         │
│                                         │
│                                         │
└─────────────────────────────────────────┘
```

Date: ____/____/____

Gratitude List:

1. _____
2. _____
3. _____
4. _____
5. _____

```
┌─────────────────────────────────────────────┐
│              PAINT YOUR CANVAS              │
│                                             │
│                                             │
│                                             │
└─────────────────────────────────────────────┘
```

Date: ____/____/____

Gratitude List:

1. _____
2. _____
3. _____
4. _____
5. _____

```
┌─────────────────────────────────────────────┐
│              PAINT YOUR CANVAS              │
│                                             │
│                                             │
│                                             │
└─────────────────────────────────────────────┘
```

Date: ____/____/____

Gratitude List:

1. _____
2. _____
3. _____
4. _____
5. _____

PAINT YOUR CANVAS

Date: ____/____/____

Gratitude List:

1. _____
2. _____
3. _____
4. _____
5. _____

PAINT YOUR CANVAS

🍃🍃🍃

"Now that you have found you, do you!"

- Olushagun 'Shay' Okotete

🍃🍃🍃

Date: ___/___/___

Gratitude List:

1. _____
2. _____
3. _____
4. _____
5. _____

+---------------------------------+
| PAINT YOUR CANVAS |
| |
| |
| |
+---------------------------------+

Date: ___/___/___

Gratitude List:

1. _____
2. _____
3. _____
4. _____
5. _____

+---------------------------------+
| PAINT YOUR CANVAS |
| |
| |
| |
+---------------------------------+

Date: ___/___/___

Gratitude List:

1. _____
2. _____
3. _____
4. _____
5. _____

```
PAINT YOUR CANVAS
```

Date: ___/___/___

Gratitude List:

1. _____
2. _____
3. _____
4. _____
5. _____

```
PAINT YOUR CANVAS
```

Date: ____/____/____

Gratitude List:

1. _____
2. _____
3. _____
4. _____
5. _____

PAINT YOUR CANVAS

Date: ____/____/____

Gratitude List:

1. _____
2. _____
3. _____
4. _____
5. _____

PAINT YOUR CANVAS

Date: ____/____/____

Gratitude List:

1. _____
2. _____
3. _____
4. _____
5. _____

PAINT YOUR CANVAS

Date: ____/____/____

Gratitude List:

1. _____
2. _____
3. _____
4. _____
5. _____

PAINT YOUR CANVAS

"Everything you can imagine is real."

- Pablo Picasso

Date: ____ / ____ / ____

Gratitude List:

1. _____
2. _____
3. _____
4. _____
5. _____

PAINT YOUR CANVAS

Date: ____ / ____ / ____

Gratitude List:

1. _____
2. _____
3. _____
4. _____
5. _____

PAINT YOUR CANVAS

Date: ___/___/___

Gratitude List:

1. _____
2. _____
3. _____
4. _____
5. _____

PAINT YOUR CANVAS

Date: ___/___/___

Gratitude List:

1. _____
2. _____
3. _____
4. _____
5. _____

PAINT YOUR CANVAS

Date: ___/___/___

Gratitude List:

1. _____
2. _____
3. _____
4. _____
5. _____

+--+
| PAINT YOUR CANVAS |
| |
| |
| |
+--+

Date: ___/___/___

Gratitude List:

1. _____
2. _____
3. _____
4. _____
5. _____

+--+
| PAINT YOUR CANVAS |
| |
| |
| |
+--+

Date: ____/____/____

Gratitude List:

1. _____
2. _____
3. _____
4. _____
5. _____

```
┌─────────────────────────────────────────┐
│           PAINT YOUR CANVAS             │
│                                         │
│                                         │
│                                         │
│                                         │
└─────────────────────────────────────────┘
```

Date: ____/____/____

Gratitude List:

1. _____
2. _____
3. _____
4. _____
5. _____

```
┌─────────────────────────────────────────┐
│           PAINT YOUR CANVAS             │
│                                         │
│                                         │
│                                         │
│                                         │
└─────────────────────────────────────────┘
```

"Life is a succession of lessons which must be lived to be understood."

- Helen Keller

Date: ___/___/___

Gratitude List:

1. _____
2. _____
3. _____
4. _____
5. _____

```
PAINT YOUR CANVAS
```

Date: ___/___/___

Gratitude List:

1. _____
2. _____
3. _____
4. _____
5. _____

```
PAINT YOUR CANVAS
```

Date: ____/____/____

Gratitude List:

1. _____
2. _____
3. _____
4. _____
5. _____

PAINT YOUR CANVAS

Date: ____/____/____

Gratitude List:

1. _____
2. _____
3. _____
4. _____
5. _____

PAINT YOUR CANVAS

Date: ____/____/____

Gratitude List:

1. _____
2. _____
3. _____
4. _____
5. _____

PAINT YOUR CANVAS

Date: ____/____/____

Gratitude List:

1. _____
2. _____
3. _____
4. _____
5. _____

PAINT YOUR CANVAS

Date: ___/___/___

Gratitude List:

1. _____
2. _____
3. _____
4. _____
5. _____

```
┌──────────────────────────────────────┐
│           PAINT YOUR CANVAS          │
│                                      │
│                                      │
│                                      │
└──────────────────────────────────────┘
```

Date: ___/___/___

Gratitude List:

1. _____
2. _____
3. _____
4. _____
5. _____

```
┌──────────────────────────────────────┐
│           PAINT YOUR CANVAS          │
│                                      │
│                                      │
│                                      │
└──────────────────────────────────────┘
```

"I alone cannot change the world, but I can cast a stone across the water to create many ripples."

- Mother Teresa

Date: ____/____/____

Gratitude List:

1. _____
2. _____
3. _____
4. _____
5. _____

+-----------------------------------+
| PAINT YOUR CANVAS |
| |
| |
+-----------------------------------+

Date: ____/____/____

Gratitude List:

1. _____
2. _____
3. _____
4. _____
5. _____

+-----------------------------------+
| PAINT YOUR CANVAS |
| |
| |
+-----------------------------------+

Date: ___/___/___

Gratitude List:

1. _____
2. _____
3. _____
4. _____
5. _____

+---------------------------------------+
| PAINT YOUR CANVAS |
| |
| |
| |
+---------------------------------------+

Date: ___/___/___

Gratitude List:

1. _____
2. _____
3. _____
4. _____
5. _____

+---------------------------------------+
| PAINT YOUR CANVAS |
| |
| |
| |
+---------------------------------------+

Date: ___/___/___

Gratitude List:

1. _____
2. _____
3. _____
4. _____
5. _____

┌─────────────────────────────────────┐
│   PAINT YOUR CANVAS   │
│   │
│   │
│   │
└─────────────────────────────────────┘

Date: ___/___/___

Gratitude List:

1. _____
2. _____
3. _____
4. _____
5. _____

┌─────────────────────────────────────┐
│   PAINT YOUR CANVAS   │
│   │
│   │
│   │
└─────────────────────────────────────┘

Date: ___/___/___

Gratitude List:

1. _____
2. _____
3. _____
4. _____
5. _____

PAINT YOUR CANVAS

Date: ___/___/___

Gratitude List:

1. _____
2. _____
3. _____
4. _____
5. _____

PAINT YOUR CANVAS

"Do not spoil what you have by desiring what you have not; remember that what you now have was once among the things you only hoped for."

- Epicurus

Date: ____/____/____

Gratitude List:

1. _____
2. _____
3. _____
4. _____
5. _____

PAINT YOUR CANVAS

Date: ____/____/____

Gratitude List:

1. _____
2. _____
3. _____
4. _____
5. _____

PAINT YOUR CANVAS

Date: ____/____/____

Gratitude List:

1. _____
2. _____
3. _____
4. _____
5. _____

PAINT YOUR CANVAS

Date: ____/____/____

Gratitude List:

1. _____
2. _____
3. _____
4. _____
5. _____

PAINT YOUR CANVAS

Date: ____/____/____

Gratitude List:

1. _____
2. _____
3. _____
4. _____
5. _____

```
┌─────────────────────────────────────────────┐
│              PAINT YOUR CANVAS              │
│                                             │
│                                             │
│                                             │
└─────────────────────────────────────────────┘
```

Date: ____/____/____

Gratitude List:

1. _____
2. _____
3. _____
4. _____
5. _____

```
┌─────────────────────────────────────────────┐
│              PAINT YOUR CANVAS              │
│                                             │
│                                             │
│                                             │
└─────────────────────────────────────────────┘
```

Date: ____/____/____

Gratitude List:

1. _____
2. _____
3. _____
4. _____
5. _____

```
+------------------------------------------+
|            PAINT YOUR CANVAS             |
|                                          |
|                                          |
|                                          |
+------------------------------------------+
```

Date: ____/____/____

Gratitude List:

1. _____
2. _____
3. _____
4. _____
5. _____

```
+------------------------------------------+
|            PAINT YOUR CANVAS             |
|                                          |
|                                          |
|                                          |
+------------------------------------------+
```

"Certain things catch your eye but pursue only those that capture the heart".

- Ancient Indian Proverb

Date: ____/____/____

Gratitude List:

1. _____
2. _____
3. _____
4. _____
5. _____

```
PAINT YOUR CANVAS
```

Date: ____/____/____

Gratitude List:

1. _____
2. _____
3. _____
4. _____
5. _____

```
PAINT YOUR CANVAS
```

Date: ___/___/___

Gratitude List:

1. _____
2. _____
3. _____
4. _____
5. _____

```
PAINT YOUR CANVAS
```

Date: ___/___/___

Gratitude List:

1. _____
2. _____
3. _____
4. _____
5. _____

```
PAINT YOUR CANVAS
```

Date: ____/____/____

Gratitude List:

1. _____
2. _____
3. _____
4. _____
5. _____

PAINT YOUR CANVAS

Date: ____/____/____

Gratitude List:

1. _____
2. _____
3. _____
4. _____
5. _____

PAINT YOUR CANVAS

Date: ____/____/____

Gratitude List:

1. _____
2. _____
3. _____
4. _____
5. _____

PAINT YOUR CANVAS

Date: ____/____/____

Gratitude List:

1. _____
2. _____
3. _____
4. _____
5. _____

PAINT YOUR CANVAS

"With the new day comes new strength and new thoughts."

- Eleanor Roosevelt

Date: ___/___/____

Gratitude List:

1. _____
2. _____
3. _____
4. _____
5. _____

PAINT YOUR CANVAS

Date: ___/___/____

Gratitude List:

1. _____
2. _____
3. _____
4. _____
5. _____

PAINT YOUR CANVAS

Date: ____/____/____

Gratitude List:

1. _____
2. _____
3. _____
4. _____
5. _____

```
┌─────────────────────────────────────────────┐
│              PAINT YOUR CANVAS              │
│                                             │
│                                             │
│                                             │
└─────────────────────────────────────────────┘
```

Date: ____/____/____

Gratitude List:

1. _____
2. _____
3. _____
4. _____
5. _____

```
┌─────────────────────────────────────────────┐
│              PAINT YOUR CANVAS              │
│                                             │
│                                             │
│                                             │
└─────────────────────────────────────────────┘
```

Date: ____/____/____

Gratitude List:

1. _____
2. _____
3. _____
4. _____
5. _____

PAINT YOUR CANVAS

Date: ____/____/____

Gratitude List:

1. _____
2. _____
3. _____
4. _____
5. _____

PAINT YOUR CANVAS

Date: ____/____/____

Gratitude List:

1. _____
2. _____
3. _____
4. _____
5. _____

PAINT YOUR CANVAS

Date: ____/____/____

Gratitude List:

1. _____
2. _____
3. _____
4. _____
5. _____

PAINT YOUR CANVAS

"To get lost is to learn the way."

- African Proverb

Date: ____/____/____

Gratitude List:

1. _____
2. _____
3. _____
4. _____
5. _____

PAINT YOUR CANVAS

Date: ____/____/____

Gratitude List:

1. _____
2. _____
3. _____
4. _____
5. _____

PAINT YOUR CANVAS

Date: ___/___/___

Gratitude List:

1. _____
2. _____
3. _____
4. _____
5. _____

PAINT YOUR CANVAS

Date: ___/___/___

Gratitude List:

1. _____
2. _____
3. _____
4. _____
5. _____

PAINT YOUR CANVAS

🍃🍃🍃

Date: ____/____/____

Gratitude List:

1. _____
2. _____
3. _____
4. _____
5. _____

```
+------------------------------------------+
|            PAINT YOUR CANVAS             |
|                                          |
|                                          |
|                                          |
+------------------------------------------+
```

Date: ____/____/____

Gratitude List:

1. _____
2. _____
3. _____
4. _____
5. _____

```
+------------------------------------------+
|            PAINT YOUR CANVAS             |
|                                          |
|                                          |
|                                          |
+------------------------------------------+
```

🍃🍃🍃

Date: ___/___/___

Gratitude List:

1. _____
2. _____
3. _____
4. _____
5. _____

PAINT YOUR CANVAS

Date: ___/___/___

Gratitude List:

1. _____
2. _____
3. _____
4. _____
5. _____

PAINT YOUR CANVAS

"Be not afraid of moving slowly, be afraid for standing still."

- Chinese Proverb

Date: ___/___/___

Gratitude List:

1. _____
2. _____
3. _____
4. _____
5. _____

```
PAINT YOUR CANVAS
```

Date: ___/___/___

Gratitude List:

1. _____
2. _____
3. _____
4. _____
5. _____

```
PAINT YOUR CANVAS
```

Date: ____/____/____

Gratitude List:

1. _____
2. _____
3. _____
4. _____
5. _____

PAINT YOUR CANVAS

Date: ____/____/____

Gratitude List:

1. _____
2. _____
3. _____
4. _____
5. _____

PAINT YOUR CANVAS

Date: ___/___/___

Gratitude List:

1. _____
2. _____
3. _____
4. _____
5. _____

+---+
| PAINT YOUR CANVAS |
| |
| |
| |
+---+

Date: ___/___/___

Gratitude List:

1. _____
2. _____
3. _____
4. _____
5. _____

+---+
| PAINT YOUR CANVAS |
| |
| |
| |
+---+

Date: ___/___/___

Gratitude List:

1. _____
2. _____
3. _____
4. _____
5. _____

```
┌─────────────────────────────────────────┐
│           PAINT YOUR CANVAS             │
│                                         │
│                                         │
│                                         │
└─────────────────────────────────────────┘
```

Date: ___/___/___

Gratitude List:

1. _____
2. _____
3. _____
4. _____
5. _____

```
┌─────────────────────────────────────────┐
│           PAINT YOUR CANVAS             │
│                                         │
│                                         │
│                                         │
└─────────────────────────────────────────┘
```

"That which does not kill us makes us stronger."

- Friedrich Nietzsche

Date: ___/___/___

Gratitude List:

1. _____
2. _____
3. _____
4. _____
5. _____

PAINT YOUR CANVAS

Date: ___/___/___

Gratitude List:

1. _____
2. _____
3. _____
4. _____
5. _____

PAINT YOUR CANVAS

🍃🍃🍃

Date: ___/___/___

Gratitude List:

1. _____
2. _____
3. _____
4. _____
5. _____

```
┌─────────────────────────────────────────┐
│           PAINT YOUR CANVAS             │
│                                         │
│                                         │
│                                         │
│                                         │
└─────────────────────────────────────────┘
```

Date: ___/___/___

Gratitude List:

1. _____
2. _____
3. _____
4. _____
5. _____

```
┌─────────────────────────────────────────┐
│           PAINT YOUR CANVAS             │
│                                         │
│                                         │
│                                         │
│                                         │
└─────────────────────────────────────────┘
```

🍃🍃🍃

Date: ____/____/____

Gratitude List:

1. _____
2. _____
3. _____
4. _____
5. _____

```
┌─────────────────────────────────────────┐
│           PAINT YOUR CANVAS             │
│                                         │
│                                         │
│                                         │
└─────────────────────────────────────────┘
```

Date: ____/____/____

Gratitude List:

1. _____
2. _____
3. _____
4. _____
5. _____

```
┌─────────────────────────────────────────┐
│           PAINT YOUR CANVAS             │
│                                         │
│                                         │
│                                         │
└─────────────────────────────────────────┘
```

Date: ___/___/___

Gratitude List:

1. _____
2. _____
3. _____
4. _____
5. _____

```
+-----------------------------------------+
|           PAINT YOUR CANVAS             |
|                                         |
|                                         |
|                                         |
+-----------------------------------------+
```

Date: ___/___/___

Gratitude List:

1. _____
2. _____
3. _____
4. _____
5. _____

```
+-----------------------------------------+
|           PAINT YOUR CANVAS             |
|                                         |
|                                         |
|                                         |
+-----------------------------------------+
```

"Plant your garden and decorate your own soul, instead of waiting for someone to bring you flowers."

-   Jose Luis Borges

Date: ___/___/___

Gratitude List:

1. _____
2. _____
3. _____
4. _____
5. _____

PAINT YOUR CANVAS

Date: ___/___/___

Gratitude List:

1. _____
2. _____
3. _____
4. _____
5. _____

PAINT YOUR CANVAS

Date: ____ / ____ / ____

Gratitude List:

1. _____
2. _____
3. _____
4. _____
5. _____

PAINT YOUR CANVAS

Date: ____ / ____ / ____

Gratitude List:

1. _____
2. _____
3. _____
4. _____
5. _____

PAINT YOUR CANVAS

Date: ___/___/___

Gratitude List:

1. _____
2. _____
3. _____
4. _____
5. _____

PAINT YOUR CANVAS

Date: ___/___/___

Gratitude List:

1. _____
2. _____
3. _____
4. _____
5. _____

PAINT YOUR CANVAS

Date: ____/____/____

Gratitude List:

1. _____
2. _____
3. _____
4. _____
5. _____

PAINT YOUR CANVAS

Date: ____/____/____

Gratitude List:

1. _____
2. _____
3. _____
4. _____
5. _____

PAINT YOUR CANVAS

"The secret of change is to focus all of your energy, not on fighting the old, but on building the new."

- Socrates

Date: ____/____/____

Gratitude List:

1. _____
2. _____
3. _____
4. _____
5. _____

```
┌─────────────────────────────────────────────┐
│              PAINT YOUR CANVAS              │
│                                             │
│                                             │
│                                             │
│                                             │
└─────────────────────────────────────────────┘
```

Date: ____/____/____

Gratitude List:

1. _____
2. _____
3. _____
4. _____
5. _____

```
┌─────────────────────────────────────────────┐
│              PAINT YOUR CANVAS              │
│                                             │
│                                             │
│                                             │
│                                             │
└─────────────────────────────────────────────┘
```

Date: ___/___/___

Gratitude List:

1. _____
2. _____
3. _____
4. _____
5. _____

PAINT YOUR CANVAS

Date: ___/___/___

Gratitude List:

1. _____
2. _____
3. _____
4. _____
5. _____

PAINT YOUR CANVAS

Date: ____/____/____

Gratitude List:

1. _____
2. _____
3. _____
4. _____
5. _____

+---+
| PAINT YOUR CANVAS |
| |
| |
| |
+---+

Date: ____/____/____

Gratitude List:

1. _____
2. _____
3. _____
4. _____
5. _____

+---+
| PAINT YOUR CANVAS |
| |
| |
| |
+---+

Date: ___/___/___

Gratitude List:

1. _____
2. _____
3. _____
4. _____
5. _____

PAINT YOUR CANVAS

Date: ___/___/___

Gratitude List:

1. _____
2. _____
3. _____
4. _____
5. _____

PAINT YOUR CANVAS

"Where the determination is, the way can be found."

- George S. Clason

Date: ____/____/____

Gratitude List:

1. _____
2. _____
3. _____
4. _____
5. _____

```
PAINT YOUR CANVAS
```

Date: ____/____/____

Gratitude List:

1. _____
2. _____
3. _____
4. _____
5. _____

```
PAINT YOUR CANVAS
```

Date: ____/____/____

Gratitude List:

1. _____
2. _____
3. _____
4. _____
5. _____

```
+----------------------------------------------+
|              PAINT YOUR CANVAS               |
|                                              |
|                                              |
|                                              |
|                                              |
+----------------------------------------------+
```

Date: ____/____/____

Gratitude List:

1. _____
2. _____
3. _____
4. _____
5. _____

```
+----------------------------------------------+
|              PAINT YOUR CANVAS               |
|                                              |
|                                              |
|                                              |
|                                              |
+----------------------------------------------+
```

Date: ___/___/___

Gratitude List:

1. _____
2. _____
3. _____
4. _____
5. _____

PAINT YOUR CANVAS

Date: ___/___/___

Gratitude List:

1. _____
2. _____
3. _____
4. _____
5. _____

PAINT YOUR CANVAS

Date: ____/____/____

Gratitude List:

1. _____
2. _____
3. _____
4. _____
5. _____

PAINT YOUR CANVAS

Date: ____/____/____

Gratitude List:

1. _____
2. _____
3. _____
4. _____
5. _____

PAINT YOUR CANVAS

The essence of life is growth."

-    Unknown

🍃🍃🍃

Date: ____/____/____

Gratitude List:

1. _____
2. _____
3. _____
4. _____
5. _____

```
┌─────────────────────────────────────────────┐
│             PAINT YOUR CANVAS               │
│                                             │
│                                             │
│                                             │
│                                             │
└─────────────────────────────────────────────┘
```

Date: ____/____/____

Gratitude List:

1. _____
2. _____
3. _____
4. _____
5. _____

```
┌─────────────────────────────────────────────┐
│             PAINT YOUR CANVAS               │
│                                             │
│                                             │
│                                             │
│                                             │
└─────────────────────────────────────────────┘
```

🍃🍃🍃

Date: ____/____/____

Gratitude List:

1. _____
2. _____
3. _____
4. _____
5. _____

```
┌─────────────────────────────────────────────────┐
│                 PAINT YOUR CANVAS               │
│                                                 │
│                                                 │
│                                                 │
│                                                 │
└─────────────────────────────────────────────────┘
```

Date: ____/____/____

Gratitude List:

1. _____
2. _____
3. _____
4. _____
5. _____

```
┌─────────────────────────────────────────────────┐
│                 PAINT YOUR CANVAS               │
│                                                 │
│                                                 │
│                                                 │
│                                                 │
└─────────────────────────────────────────────────┘
```

Date: ____/____/____

Gratitude List:

1. _____
2. _____
3. _____
4. _____
5. _____

PAINT YOUR CANVAS

Date: ____/____/____

Gratitude List:

1. _____
2. _____
3. _____
4. _____
5. _____

PAINT YOUR CANVAS

Date: ___/___/___

Gratitude List:

1. _____
2. _____
3. _____
4. _____
5. _____

PAINT YOUR CANVAS

Date: ___/___/___

Gratitude List:

1. _____
2. _____
3. _____
4. _____
5. _____

PAINT YOUR CANVAS

Date: ___/___/___

Gratitude List:

1. _____
2. _____
3. _____
4. _____
5. _____

```
┌─────────────────────────────────────────┐
│           PAINT YOUR CANVAS             │
│                                         │
│                                         │
│                                         │
└─────────────────────────────────────────┘
```

Date: ___/___/___

Gratitude List:

1. _____
2. _____
3. _____
4. _____
5. _____

```
┌─────────────────────────────────────────┐
│           PAINT YOUR CANVAS             │
│                                         │
│                                         │
│                                         │
└─────────────────────────────────────────┘
```

"Perhaps I am stronger than I think."

- Thomas Merton

🌿🌿🌿

Date: _____ / _____ / _____

Gratitude List:

1. _____
2. _____
3. _____
4. _____
5. _____

+---+
| PAINT YOUR CANVAS |
| |
| |
| |
+---+

Date: _____ / _____ / _____

Gratitude List:

1. _____
2. _____
3. _____
4. _____
5. _____

+---+
| PAINT YOUR CANVAS |
| |
| |
| |
+---+

🌿🌿🌿

🌿🌿🌿

Date: ___/___/___

Gratitude List:

1. _____
2. _____
3. _____
4. _____
5. _____

```
┌──────────────────────────────────────┐
│           PAINT YOUR CANVAS          │
│                                      │
│                                      │
│                                      │
│                                      │
└──────────────────────────────────────┘
```

Date: ___/___/___

Gratitude List:

1. _____
2. _____
3. _____
4. _____
5. _____

```
┌──────────────────────────────────────┐
│           PAINT YOUR CANVAS          │
│                                      │
│                                      │
│                                      │
│                                      │
└──────────────────────────────────────┘
```

🌿🌿🌿

Date: ____/____/____

Gratitude List:

1. _____
2. _____
3. _____
4. _____
5. _____

PAINT YOUR CANVAS

Date: ____/____/____

Gratitude List:

1. _____
2. _____
3. _____
4. _____
5. _____

PAINT YOUR CANVAS

Date: ____/____/____

Gratitude List:

1. _____
2. _____
3. _____
4. _____
5. _____

PAINT YOUR CANVAS

Date: ____/____/____

Gratitude List:

1. _____
2. _____
3. _____
4. _____
5. _____

PAINT YOUR CANVAS

www.ingramcontent.com/pod-product-compliance
Lightning Source LLC
Chambersburg PA
CBHW020925090426
42736CB00010B/1040